Ina Andersen

Die freche Bastelmaus

Allerlei Sachen aus Filz

Inhalt

Was du zum Basteln mit Filz brauchst

Prickelnadel

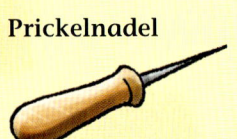

Bastelschere,
Zickzackschere

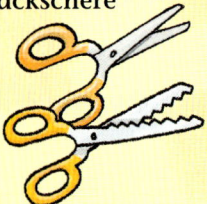

Maßband

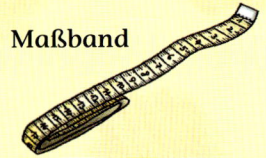

Filzstifte,
Stoffmalstifte

Korken

Nähnadel, Sticknadel
und Stecknadeln

Acrylfarben

Klebstoff,
Textilkleber

Stick- und Nähgarn

Locher

Pinsel

So geht's

Filz

Filz gibt es in verschiedenen Stärken. Filz, der 1 mm dünn ist, heißt Bastelfilz und wird auch häufig zum Basteln verwendet. Außerdem gibt es noch 3 mm oder 5 mm dicken Filz, der sehr stabil ist. Das sind Filzplatten. Sie eignen sich sehr gut, wenn du z. B. einen Schlüsselanhänger wie auf Seite 8 anfertigen möchtest.

Vorlagen übertragen

Lege Transparentpapier auf die Vorlage und pause die vorgegebenen Linien und Markierungen am besten mit einem Bleistift ab. Jetzt schneidest du die Vorlage mit einer Bastelschere aus, legst sie als Schablone auf den Bastelfilz und überträgst ihre Form auf den Filz. Hierfür kannst du einen feinen schwarzen Filzstift oder einen weichen Bleistift benutzen.

Kleben

Teile des dünnen Bastelfilz kannst du mit Bastelkleber zusammenkleben. Dafür streichst du ein Stück Filz mit Klebstoff ein und drückst das zweite Filzteil darauf. Lass den Kleber immer gut trocknen, bevor du weiter arbeitest.

Nähen mit Vorstichen

Filzteile kannst du ganz einfach zusammen nähen. Lege dafür zwei Teile aufeinander und stecke sie mit Stecknadeln fest. Fädle Garn in die Nähnadel und verknote ein Fadenende. Jetzt stichst du die Nadel durch beide Filzteile von oben nach unten und anschließend wieder von unten nach oben. Am Ende machst du wieder einen Knoten in den Faden, so kann der Faden nicht mehr aus dem Filz herausrutschen.

Knöpfe annähen

Fädle Garn in eine Nahnadel und mache in ein Fadenende einen Knoten. Stich die Nadel von unten durch den Filz und stecke die Nadel danach von unten durch ein Loch im Knopf. Anschließend stichst du die Nadel von oben durch das andere Loch des Knopfes und dann wieder durch den Filz. Bei Knöpfen mit vier Löchern musst du alles zweimal machen. Wiederhole die Schritte mehrmals, bis der Knopf richtig fest sitzt. Zum Schluss verknotest du die beiden Fadenenden an der Unterseite des Filzstücks miteinander und schneidest die Fäden ab.

Blumiger Mädchenschmuck

Filzbrosche mit Knopf

Das brauchst du

- Bastelfilzrest in Rot und Rosa
- Knopf in Rosa-Rot gepunktet
- Nähnadel
- Garn in Rosa
- Broschennadel
- UHU Bastelkleber

Vorlagenbogen B

2

Fädle das Garn in die Nadel und verknote ein Fadenende. Stich die Nadel von unten durch die Mitte beider Blüten. Ziehe sie oben aus dem Filz und stecke sie von unten durch ein Loch im Knopf. Jetzt steckst du die Nadel von oben durch das zweite Loch im Knopf und durch beide Blumen nach unten. Verknote beide Fadenenden miteinander und schneide die Fäden kurz ab.

1

Übertrage die große Blume der Vorlage auf den roten Filz und die kleine Blume auf den rosafarbenen Filz. Schneide beide Blüten aus und lege die rosa Blume auf die rote Blume.

3 **Klebe die Blume** auf eine Broschennadel.

Maustipp
zum Basteln und Spielen

⭐ Mit der Brosche kannst du ein Kleid, ein T-Shirt oder eine Jacke verschönern, wie du Lust hast. Aber die Blume sieht auch auf einem Haarreif schön aus. Hier wird sie am besten mit Heißkleber befestigt – bitte unbedingt einen Erwachsenen, dir dabei zu helfen!

Schmuckes für deinen Schlüssel

Giraffe und Monster

Das brauchst du

Giraffe
- Filz in Grün, 3 mm stark, 12 cm x 18 cm
- Bastelfilzrest in Rot, Orange, Gelb, Grün, Blau und Lila
- Wackelauge, ø 1 cm
- Prickelnadel
- Nähnadel
- Nähgarn
- Holzperle in Hellblau, ø 1 cm
- 9 Holzperlen in Grün, je ø 4 mm
- Chenilledraht in Rot, ø 0,9 cm, 3 cm lang
- Schlüsselring mit Karabinerhaken
- UHU Bastelkleber

Vorlagenbogen A

Monster
- Filz in Rot, 3 mm stark, 10 cm x 15 cm
- Wattekugel, ø 1,5 cm
- Filzsstift in Schwarz
- 2 Rundkopfklammern
- Prickelnadel
- Schlüsselring mit Karabinerhaken
- UHU Bastelkleber

Vorlagenbogen A

Monster

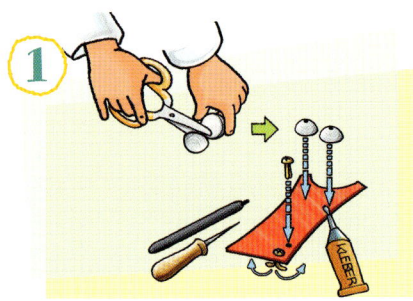

Übertrage die Vorlage des Monsters auf den roten Filz. Jetzt schneidest du die Wattekugel in der Mitte durch und klebst die Hälften als Augen auf. Male mit dem Filzstift Punkte in die Mitte der Kugelhälften und einen Mund auf. Prickle Löcher für die Rundklammern vor und befestige sie an deinem Monster.

② Mit der Prickelnadel stichst du ein Loch ins linke Ohr deines Monsters. Ein Erwachsener kann für dich den Schlüsselring hindurchziehen.

Giraffe

1 **Übertrage die Vorlage** der Giraffe auf den grünen Filz und schneide die Figur aus.

2

Aus den bunten Bastelfilzresten schneidest du farbige Kreise aus. Klebe die Kreise auf die Giraffe. An die Ränder der Figur klebst du Kreishälften. Klebe das Wackelauge auf.

3
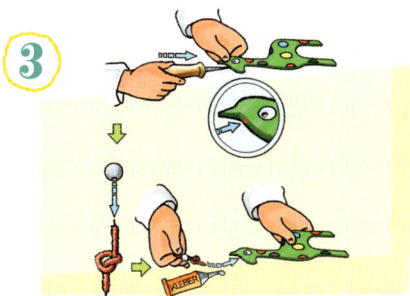

Vor dem Giraffen-Ohr stichst du jetzt noch ein Loch in die schmale Kante der Figur. Gib etwas Kleber in das Loch und stecke den Chenilledraht hinein. Fädle die Holzperle auf den Draht.

4 **Prickle ein Loch** für den Perlenschweif in die Giraffe. Fädle die Perlen mit einer dünnen Nadel auf das Nähgarn und befestige sie an der Figur.

5 **Stich mit der Prickelnadel** ein Loch in die Kopfhinterseite und bitte einen Erwachsenen, den Schlüsselring hindurchzuziehen.

Waldabenteuer mit Eule, Waschbär und Fuchs

Die Fingerpuppen-Bande

Das brauchst du

- Bastelfilzrest in Orange, Türkis, Rot, Gelb, Grau, Schwarz und Weiß
- Filzstift in Schwarz
- UHU Bastelkleber

Vorlagenbogen A

1 **Übertrage die Figur-Vorlagen** jeweils zweimal auf den passenden Filz – Fuchs auf Rot, Eule auf Blau und Waschbär auf Grau. Schneide beide Figur-Teile aus. Jetzt kannst du auch die anderen Teile der Vorlage übertragen und ausschneiden.

Streiche jeweils den Rand eines Teils der Figur mit Kleber ein und drücke das andere Teil darauf. Vorsicht! An den unteren Rand der Figuren kommt kein Kleber, das wird nämlich die Öffnung für deine Finger.

Als nächstes klebst du die Gesichtsteile von Eule, Fuchs und Waschbär auf. Zum Schluss die Masken.

Mit dem schwarzen Filzstift malst du Punkte in die Augenlöcher der Masken sowie Schnauzen bei Fuchs und Waschbär. Die Eule bekommt kleine gemalte Halbkreise auf den Bauch, so werden die Federn angedeutet.

Maustipp
zum Basteln und Spielen

✪ Führe zusammen mit deinen Freunden ein Puppenspiel auf: Die Eule hat alles im Blick und ruft Fuchs und Waschbär herbei, wenn im Wald ein Kriminalfall aufzuklären ist…

Königliches Säckchen

für deine Schätze

Das brauchst du

- Bastelfilz in Blau,
  20 cm x 30 cm
- Bastelfilzrest in Rot
- 3 Pompons in Grün,
  je ø 1 cm
- 2 Perlen in Rot, ø 1 cm
- Stickgarn in Rot
- Sticknadel
- Stecknadeln
- UHU Bastelkleber

Vorlagenbogen A

1 **Falte den Filz** zur Hälfte zusammen und stecke ihn mit vier Stecknadeln fest.

Danach fädelst du das rote Garn in die Sticknadel und verknotest ein Fadenende. Nähe die untere Kante und die Seite von dem Säckchen mit Vorstichen zu. Verknote zum Schluss das Fadenende.

3 **Übertrage die Vorlage** für die Krone auf den roten Filz und schneide sie aus. Jetzt kannst du die Krone auf dein Säckchen kleben und mit den Pompons verzieren.

④

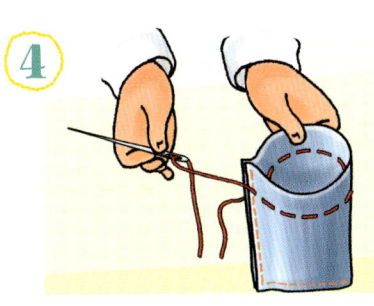

Fädle rotes Garn in die Sticknadel und nähe einmal um die Öffnung des Säckchens herum. Lass den Faden dabei am Anfang lang heraushängen.

⑤

Fädle jeweils eine Perle auf die Fadenenden und verknote diese, sodass die Perlen nicht mehr herausrutschen können. Jetzt kannst du dein Säckchen verschließen, indem du an den Fäden ziehst und sich die Öffnung zusammenzieht.

Maustipp
zum Basteln und Spielen

⭐ In diesem Säckchen kannst du wunderbar Murmeln oder deine geheimen Schätze aufbewahren.

Die frechen Kuschelmonster!

mit Nadel und Faden genäht

Das brauchst du

- Bastelfilz in Rot, Grün und Orange, je 20 cm x 30 cm
- Bastelfilzrest in Weiß, Orange und Schwarz
- Füllwatte
- Stoffmalstift in Schwarz
- Stickgarn in Rot, Orange, Rosa und Gelb
- Sticknadel
- Stecknadeln
- UHU Bastelkleber

Vorlagenbogen A

1

Falte das Filzstück mittig zusammen und stecke es mit vier Stecknadeln aufeinander. Übertrage die Vorlage für dein Monster mit einem Filzstift und schneide beide Filzlagen aus. Lass die Stecknadeln dabei im Filz stecken.

2 **Für ein Monster** nimmst du jetzt die beiden Filzteile auseinander und stickst mit gelbem Garn ein Kreuz als Auge auf. Danach legst du die beiden Filzteile wieder aufeinander und steckst sie erneut fest.

3 **Schneide Augen und Zähne** aus dem weißen und schwarzen Filz aus und klebe sie auf. Male den Mund mit dem Stoffmalstift auf.

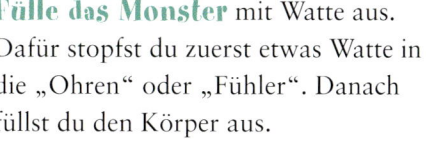

Jetzt kannst du deine Monster fertig nähen. Fädle das Garn in die Nadel und mache einen Knoten in ein Fadenende. Beginne rechts unten in der Ecke. Nähe mit Vorstichen dicht am Rand entlang bis zur linken unteren Ecke. Der untere Rand von dem Monster bleibt erst einmal offen.

Fülle das Monster mit Watte aus. Dafür stopfst du zuerst etwas Watte in die „Ohren" oder „Fühler". Danach füllst du den Körper aus.

6 **Zum Schluss** nähst du den unteren Rand von deinem Monster zu. Fertig!

Fleißiges Eichhörnchen

Kochschürze für kleine Küchenchefs und Küchenprinzessinen

Das brauchst du

- Kinderschürze in Naturweiß
- Bastelfilz in Lila und Rosa, je 15 cm x 15 cm
- Bastelfilz in Grün, Hell- und Dunkelbraun, je 10 cm x 10 cm
- Bastelfilzrest in Weiß und Schwarz
- Stoffmalstift in Schwarz
- UHU Textilkleber

Vorlagenbogen A

1 **Übertrage die Vorlage** für das Eichhörnchen auf den lilafarbenen Filz und die Vorlage für den buschigen Schwanz auf den rosafarbenen Filz. Schneide beide Teile aus.

2 Schneide vier Eicheln aus den bunten Filzresten und vier Eichelhauben aus dem dunkelbraunen Filz aus. Für das Auge schneidest du Kreise aus dem weißen und schwarzen Filz aus.

Nimm jeweils eine Eichelhaube und klebe sie mit Textilkleber auf eine Eichel auf.

4 **Klebe die Filzteile** für das Eichhörnchen mit Textilkleber auf den oberen Teil der Schürze. Klebe eine Eichel in die Pfote des Eichhörnchens. Schnauze und Mund malst du mit dem Stoffmalstift auf.

16

(5)

Die restlichen bunten Eicheln
klebst du auf die Schürzentasche.
Benutze den Textilkleber dabei nach
Anleitung des Herstellers.

Maustipp
zum Basteln und Spielen

⊛ In der Küche mitzuhelfen
macht richtig Spaß! Frisches Ge-
müse waschen und schneiden,
die Suppe rühren, braucht es
noch etwas Salz? – Jetzt kannst
du so richtig den Kochlöffel
schwingen!
Ist der Tisch schon gedeckt?
Überlege dir, wie du den Ess-
tisch, z. B. mit bunten Servietten
schön gestalten kannst, sodass
sich alle Essensgäste rundum
wohlfühlen!

Hü-Hott!

Zaumzeug für kleine Fohlen

Das brauchst du

- Bastelfilz in Hell- und Dunkel-
  braun, je 15 cm x 20 cm
- Bastelfilz in Rosa, Lila und
  Hellgrün, je 10 cm x 10 cm
- Band in Hellbraun, 2 cm breit,
  3 m lang
- Litze in Rosa, 90 cm lang
- Stickgarn in Grün
- Sticknadel
- Prickelnadel
- UHU Bastelkleber

Vorlagenbogen A

1 **Übertrage die Vorlagen** auf die verschiedenen Filze und schneide alle Teile aus.

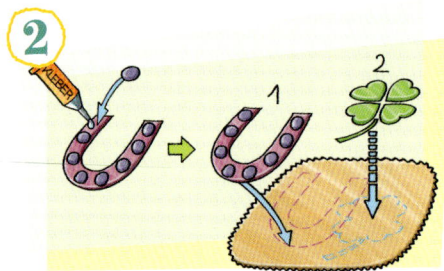

Klebe zuerst die lilafarbenen Kreise auf das rosa Hufeisen. Danach klebst du das Hufeisen und den Glücksklee auf den hellbraunen Filz.

3 **Schneide je zweimal** 45 cm von dem hellbraunen Band und der rosafarbenen Litze ab. Die rosafarbenen Litzen klebst du mittig auf die hellbraunen Bänder.

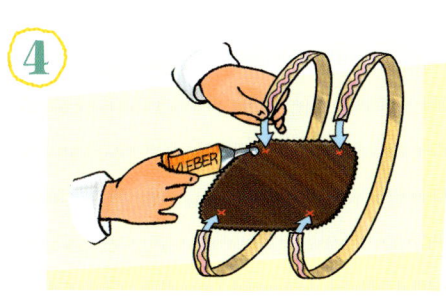

④

Als nächstes legst du die vier Bandenden auf die Markierungen auf dem dunkelbraunen Filz und klebst sie fest. Klebe danach den hellbraunen Filz darauf.

⑤ **Mit der Prickelnadel** stichst du jeweils vier Löcher genau an den Stellen durch die Filzlagen, unter denen die Bänder liegen.

⑥

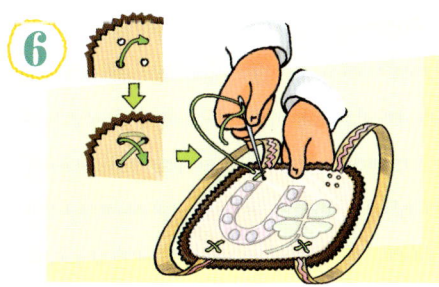

Fädle das grüne Garn in die Sticknadel und verknote ein Fadenende. Stich von unten nach oben durch ein Loch und durch ein schräg gegenüber liegendes Loch zurück. Stich genauso durch die anderen beiden Löcher. Verknote den Faden und schneide ihn ab.

⑦ Das restliche hellbraune Band knotest du jeweils mittig an die beiden Träger, so hast du Zügel und es kann losgehen: Hüüjaah!

Fürs Kleingeld

Mein Geldbeutel

Das brauchst du

Geldbeutel in Pink
- Bastelfilz in Pink,
  10 cm x 22 cm
- Bastelfilz in Lila,
  5 cm x 5 cm
- Knopf „Frosch", ø 1,5 cm
- Stickgarn in Gelb
- Sticknadel
- 2 Stecknadeln
- UHU Bastelkleber

Vorlagenbogen A

Geldbeutel in Grün
- Bastelfilz in Hellgrün,
  10 cm x 22 cm
- Bastelfilz in Dunkelgrün,
  5 cm x 5 cm
- Knopf „Fußball", ø 1,5 cm
- Stickgarn in Rot
- Sticknadel
- 2 Stecknadeln
- UHU Bastelkleber

Vorlagenbogen A

1 **Übertrage die Vorlage** für den Geldbeutel auf den jeweils helleren Filz und schneide das Filzteil aus. Den kleinen Kreis schneidest du aus dem jeweils dunkleren Filz aus.

2

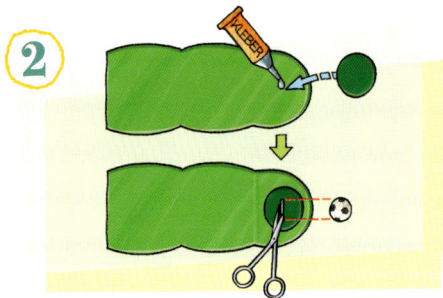

Klebe den Kreis auf die Klappe des Geldbeutels und schneide mit einer spitzen Schere ein kleines Knopfloch hinein. Das Knopfloch soll genauso groß sein wie der Knopf im Durchmesser.

③

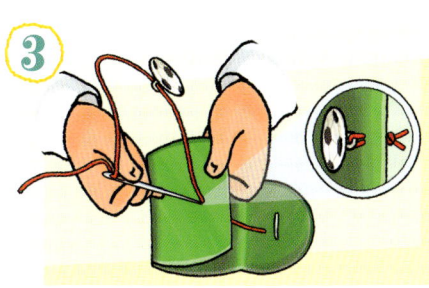

Den Knopf nähst du entsprechend der Markierung in der Vorlage an. Fädle den Faden in die Sticknadel und stecke die Nadel von unten nach oben durch den Filz. Ziehe die Nadel mit dem Faden durch die Öse am Knopf und stecke sie wieder zurück durch den Filz. Verknote die beiden Fadenenden miteinander und schneide sie ab.

④ **Jetzt faltest du** deinen Geldbeutel, lass die Klappe noch offen, dann siehst du besser, wo du entlang nähen musst. Stecke den Beutel mit zwei Stecknadeln fest.

⑤

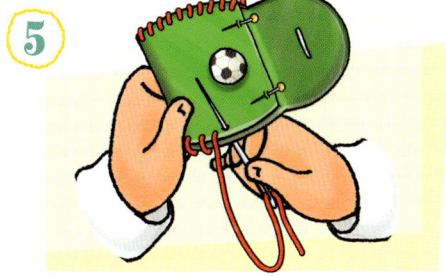

Fädle das Garn in die Sticknadel und verknote ein Fadenende. Nähe die Seiten vom Geldbeutel zu. Dabei stichst du immer von unten nach oben durch die zwei Filzlagen. Am Ende einer Seite verknotest du den Faden.

Probier's mal mit Gemütlichkeit!
Hängematte für Puppen und Stofftiere

Das brauchst du

- Bastelfilz in Türkis, 20 cm x 30 cm
- Satinkordel in Lila, 2 mm stark, 10 m lang
- 14 Holzperlen in verschiedenen Farben, je ø 1 cm
- Filzstift
- Maßband
- Locher

Vorlagenbogen B

1 **Übertrage die Markierungen** in der Vorlage für die Löcher mit einem Filzstift auf den Filz. Bitte einen Erwachsenen, den Filz für dich mit einem Locher an den richtigen Stellen zu lochen.

2 **Schneide die Satinkordel** in 14 je 70 cm lange Stücke.

3

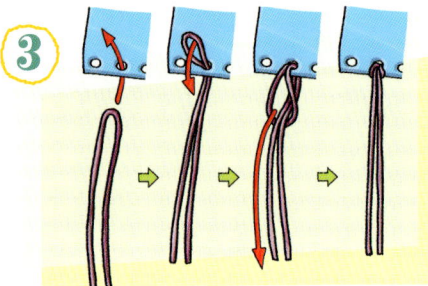

Falte zur Befestigung eine Kordel in der Mitte und schiebe die Schlaufe von unten durch ein Loch an der Hängematte. Ziehe nun die Enden der Kordel durch die Schlaufe. Ziehe an den Kordelenden, bis die Schlaufe eng an dem Filz liegt.

4

5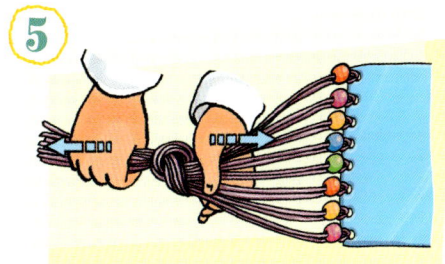

Fädle eines der beiden Kordelenden durch eine Holzperle und schiebe die Perle dicht an den Filz heran. Wiederhole den Schritt mit allen Kordelsträngen der Hängematte.

Zum Schluss nimmst du alle Kordelenden auf einer Seite der Hängematte und knüpfst sie zu einem dicken Knoten zusammen. Das gleiche machst du noch einmal auf der anderen Seite.

Maustipp
zum Basteln
und Spielen

⭐ Du kannst die Hängematte mit beiden Händen halten und dein Kuscheltier darin schaukeln lassen. Oder du bittest einen Erwachsenen, die Hängematte zwischen zwei Stühlen oder an deinem Bett aufzuhängen.

Weltraum-Action auf dem Frühstückstisch!

Ufo und Rakete

Das brauchst du

- Bastelfilz in Rot, A4
- Bastelfilz in Gelb und Hellblau, 15 cm x 15 cm
- Chenilledraht in Rot, ø 9 mm
- Basteldraht in Silber, ø 0,3 mm
- Holzperle in Gelb, ø 6 mm
- UHU Bastelkleber
- Locher

Vorlagenbogen B

1 **Übertrage alle Vorlagen** für das Ufo und die Rakete auf den Filz und schneide sie aus.

2 **Für das Ufo** klebst du drei rote Kreise und eine hellblaue Fensterkuppel auf die beiden roten Ufoteile. Die Rakete bekommt auf jede Seite drei hellblaue runde Fenster und zwei gelbe Teile auf die Seitenflügel.

3

Jetzt klebst du jeweils zwei Ufo- und zwei Raketenteile zusammen. Trage dafür am Rand eines der Teile Kleber auf. Vorsicht! Der untere Rand muss frei bleiben, das wird die Öffnung, mit der die Flugobjekte über das Frühstücksei gestülpt werden können.

Maustipp

zum Basteln und Spielen

⭐ Nicht nur am Frühstückstisch machen sich deine Flugobjekte gut, du kannst sie auch zum Spielen benutzen. Stecke kleine Figuren hinein und auf geht die Reise in die unendlichen Weiten des Weltraums…

4

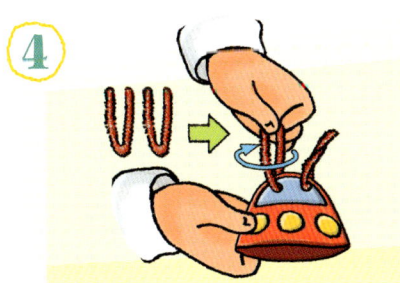

Loche das Ufo und die Rakete an den Markierungen aus der Vorlage mit einem Locher. Schneide zwei 8 cm lange Stücke von dem Chenilledraht ab und stecke jeweils eine Hälfte durch die Löcher. Die beiden Drahtenden miteinander verdrehen, so sitzen sie fest.

5

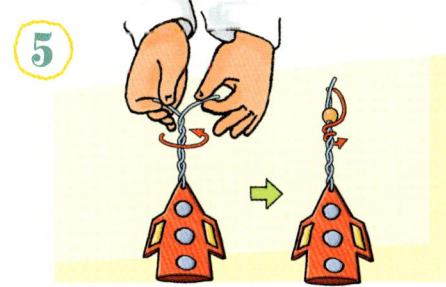

Schneide ein Stück Draht von 10 cm vom Basteldraht ab und stecke es durch das Loch an der Rakete. Verdrehe die Drahtenden miteinander und stecke die gelbe Perle auf. Biege das Drahtende um die Perle und wickle es um das Drahtstück.

Für kleine Prinzessinnen!

Hübsches Filzkörbchen

Das brauchst du

- Filz in Helllila, 3 mm stark, 25 cm x 25 cm
- Bastelfilz in Rosa, 15 cm x 15 cm
- Samtband in Rot, 0,5 cm breit, 80 cm lang
- Organzaband in Rosa, 1 cm breit, 80 cm lang
- 4 Knöpfe in Gelb, je ø 1 cm
- UHU Bastelkleber
- Locher

Vorlagenbogen B

1 **Übertrage die Vorlage** auf den lilafarbenen Filz und schneide das Korbstück aus. Bitte einen Erwachsenen, den Filz mit einem Locher genau an den Markierungen aus der Vorlage zu lochen.

2 **Jetzt schneidest du** das Samtband und das Organzaband jeweils in vier 20 cm lange Stücke.

3

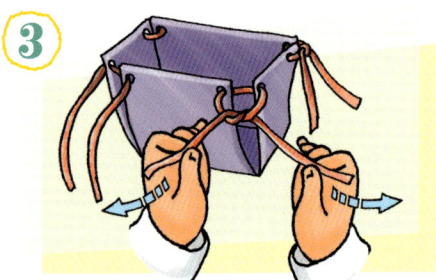

Fädle zuerst eines der Samtbandstücke durch zwei nebeneinanderliegende Löcher am Korbstück und verknote die Enden fest miteinander. Wiederhole den Schritt an allen anderen gelochten Ecken. So bekommt der Korb seine Form. Danach befestigst du auf die gleiche Weise die Organzabandstücke an allen vier Korbecken.

Übertrage die Blumenvorlage
viermal auf den rosafarbenen Filz und
schneide die Blumen aus. Klebe auf
jede Korbseite eine Blüte. In die Mitte
der Blüten klebst du jeweils einen
gelben Knopf.

Piraten in Sicht!
Für wilde Jungs und wilde Mädchen

Das brauchst du

- Bastelfilz in Schwarz, A4
- Bastelfilz in Weiß, 20 cm x 20 cm
- Bastelfilz in Rot, 10 cm x 10 cm
- Rundstab, ø 5 mm, 50 cm lang
- Gummikordel in Schwarz, 60 cm lang
- Prickelnadel
- UHU Bastelkleber

Vorlagenbogen B

1 **Übertrage alle Vorlagen** auf die Filzstücke und schneide sie aus.

2

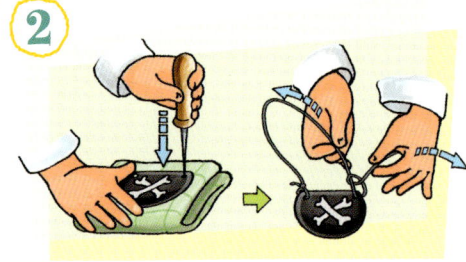

Klebe die kleinen weißen Knochen auf das schwarze Filzstück der Augenklappe. Lege die Augenklappe auf eine weiche Unterlage und stich mit der Prickelnadel je ein Loch am linken und rechten oberen Rand hinein. Stecke die Gummikordel durch die Löcher und knote sie fest.

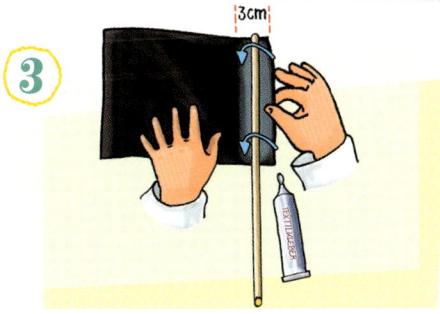

③

④ Klebe zuerst den Totenkopf, oder, wenn er dir besser gefällt, den Kraken auf. Danach klebst du das rote Tuch, die schwarzen Augenteile sowie die Totenkopf-Nase auf. Zum Schluss werden bei der Totenkopffahne die Knochen aufgeklebt.

Lege die schwarze Fahne vor dich hin und bestreiche den rechten Rand etwa 3 cm breit mit Kleber. Lege den Rundstab darauf und falte den Rand nach links. Drehe die Fahne um.

Für Puppenkinder

Selbstgenähtes Kittelkleid

Das brauchst du

- Bastelfilz in Lila,
  40 cm x 50 cm
- Bastelfilz in Rosa und
  Gelb, 12 cm x 12 cm
- Pomponband in Grün,
  50 cm lang
- Litze in Rosa, 15 cm
- 2 Knöpfe in Rosa, ø 1 cm
- Bügelmotiv Blume,
  3,5 cm x 3,5 cm
- UHU Bastelkleber

Vorlagenbogen B

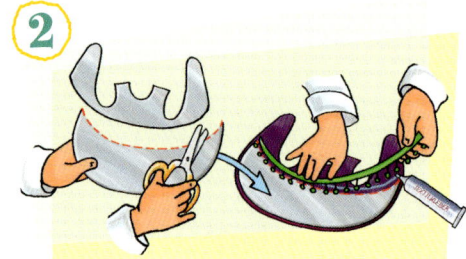

1 **Übertrage die Vorlage** auf den lilafarbenen Filz und schneide das Kittelkleid aus. Schneide die Trägerklappen aus dem rosafarbenen Filz und die Blume aus dem gelben Filz aus. Bitte einen Erwachsenen, das Bügelmotiv auf die gelbe Blume zu bügeln. Anschließend klebst du die gelbe Blume auf das Kleid.

Zerschneide die Schnittvorlage für das Kleid an der Scherenlinie und lege den unteren Teil passend auf das Kleid. Jetzt machst du mit dem Kleber eine Klebelinie entlang der Papierkante auf dem Filz. Drücke das Pomponband auf den Kleber.

3 **Die rosa Litze** klebst du einmal um den Halsausschnitt. Trage dafür wieder erst den Kleber auf den Filz auf und drücke dann die Litze darauf.

4

Jetzt schneidest du zwei Knopflöcher in die Trägerklappen. Die Löcher sollen genauso groß sein wie die Knöpfe im Durchmesser. Bitte einen Erwachsenen, dir dabei zu helfen.

5

Die beiden Knöpfe nähst du entsprechend der Markierung auf die vorderen Trägerteile. Knöpfe das Kleid jetzt über Kreuz zu!

Maustipp
zum Basteln und Spielen

⭐ Probiere gleich, ob das Kleid deiner Puppe passt. Vielleicht kannst du noch weitere Kleidungsstücke aus Filz für sie entwerfen und nähen.

Das Geburtstagskind lebe hoch!

Feierliche Krone aus Filz

Das brauchst du

- Filz in Gelb, 3 mm stark, 12 cm x 45 cm
- Filzrest in Rot, 5 mm stark
- Litze in Lila, 45 cm lang
- 6 Häkelspiegel
- 2 Gummikordeln, je 20 cm lang
- UHU Bastelkleber

Vorlagenbogen A

1 **Übertrage die Vorlage** mit einem Filzstift auf den gelben Filz. Danach kannst du die Krone ausschneiden.

2

Klebe zuerst die lila Litze auf die Krone. Trage dafür den Kleber auf die Krone auf und drücke die Litze anschließend darauf fest.

③

Übertrage den Kreis der Vorlage sechsmal auf den roten Filz und schneide die Kreise aus. Klebe die roten Kreise jeweils unter einer Zacke auf die Litze. Auf jeden roten Kreis klebst du einen bunten Häkelspiegel.

④ **Zum Schluss** lochst du die Krone an den Markierungen aus der Vorlage. Ziehe die Gummikordeln jeweils zur Hälfte durch die Löcher und verknote die vier Enden miteinander. Probiere die Krone an. Wenn sie zu groß oder zu klein ist, kannst du die Bänder nochmal verstellen.

Maustipp
zum Basteln und Spielen

⭐ Du kannst die Krone auch noch viel bunter verzieren. Vielleicht hast du noch Pailletten, Knöpfe oder bunte Pompons, die du aufkleben kannst. Natürlich kannst du sie auch mit Glitzer bestreuen.

Für deine Malsachen

Getupfter Stiftebecher

Das brauchst du

- 2 leere Blechdosen, je ø 9 cm, 8,5 cm hoch
- Bastelfilz in Pink und Blau, je 11 cm x 30 cm
- Korken einer Weinflasche
- Acrylfarbe in Weiß
- UHU Bastelkleber

① **Lege den lilafarbenen Filz** auf eine Malunterlage, z. B. eine alte Zeitung, und stelle daneben einen Teller in den du einen großen Klecks weiße Acrylfarbe gibst.

② **Jetzt nimmst du** den Korken und tupfst ihn je einmal in die weiße Farbe und dann auf den Filz. Das wiederholst du so oft, bis dir das Punktemuster gefällt. Dann lässt du die Farbe gut trocknen.

③ **Streiche eine Dose** rundherum mit Kleber ein. Lege die Dose seitlich auf den Rand des Filzstücks. Dabei soll der Dosenboden am unteren Rand vom Filz liegen. Rolle die Dose über den Filz und schon ist sie wunderbar beklebt.

④

Bestreiche die Innenseite des am oberen Rand überstehenden Filzes mit Kleber und drücke den Filzrand mit beiden Händen in die Dose hinein. Streiche den Filz mit den Händen noch einmal fest an die Innenseite der Dose. Lass den Kleber gut trocknen, bevor du den Stiftebecher benutzt. Die zweite Dose mit dem blauen Filz arbeitest du genauso.

Maustipp
zum Basteln und Spielen

⭐ Wenn du keine Acrylfarbe hast, kannst
du den Stiftebecher auch mit bunten Kreisen
aus Filz oder Knöpfen bekleben. Lege für die
Kreise verschiedene Geldstücke auf bunte
Filzreste und umrande sie vor dem Ausschneiden mit einem Filzstift.

Mit Glitzer!

Schicke Armbänder

Das brauchst du

- Bastelfilz in Weiß, Lila und Gelb, je 5 cm x 15 cm
- 8 Strasssteine, Blumenform in Rosa und Lila
- 8 Strasssteine, Sternform in Rosa
- Paillettenband in Grün, 10 cm lang
- Nähgarn in Rosa, Weiß und Gelb
- Nähnadel
- 3 Knöpfe, je ø 1 cm
- UHU Bastelkleber
- Schere

2

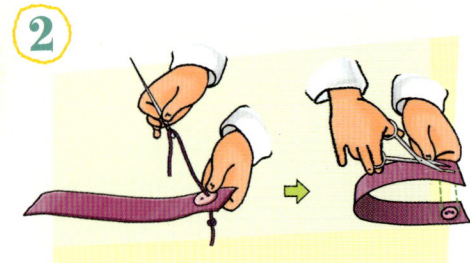

Den Knopf nähst du an das eine Ende des Streifens. In das andere Ende schneidest du vorsichtig mit einer kleinen spitzen Schere ein Knopfloch. Das Loch soll im Durchmesser so groß sein wie der Knopf.

1 **Schneide einen** 2 cm x 10 cm langen Streifen aus dem Filz aus.

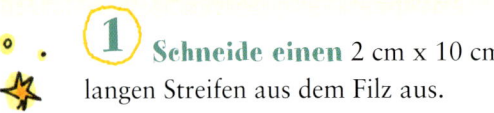

3

Jetzt kannst du dein Armband gestalten. Klebe verschiedene Strasssteine oder ein buntes Paillettenband auf. Halte dabei etwas Abstand zu dem Knopf und dem Knopfloch.

Mmmh, lecker!
Filz-Pizza mit Filz-Belag

Das brauchst du

- Filz in Hellbraun, 5 mm stark, 25 cm x 25 cm
- Bastelfilz in Rot, 20 cm x 30 cm
- Bastelfilzreste in Gelb, Dunkelrot, Hellgrün, Weiß, Hell- und Dunkelbraun
- UHU Bastelkleber

Vorlagenbogen A

1 **Übertrage die große Kreisvorlage** auf den hellbraunen dickeren Filz und die kleinere Kreisvorlage auf den roten Bastelfilz. Schneide beide Kreise aus. Der hellbraune Filzkreis ist der Pizzaboden, der rote Kreis ist die Tomatensoße auf der Pizza.

2

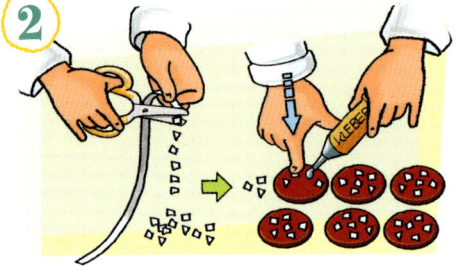

Für die Salami schneidest du die kleinen Kreise sechsmal aus dem dunkelroten Filz aus. Schneide aus dem weißen Filz einen schmalen Streifen zurecht. Etwa 0,5 cm x 20 cm lang. Schneide den Streifen in sehr kleine Stücke und klebe davon auf jede Salami sechs Stück.

3 **Übertrage die Pilzvorlage** dreimal auf den hellbraunen Bastelfilz und schneide die Pilze aus.

4 **Die Peperoni schneidest du** zweimal aus dem hellgrünen Filz und einmal aus dem hellroten Filz aus. Schneide drei Stiele aus dem dunkelbraunen Filz aus und klebe sie an die Peperonis.

5

Für den Käse brauchst du einen Streifen von dem gelben Filz, der 3 cm x 15 cm groß ist. Schneide sehr dünne Streifen davon ab.

Maustipp
zum Basteln und Spielen

⊛ Bastle noch weitere leckere Sachen für deine Pizza. Zum Beispiel lila Oliven, weiße Zwiebelringe oder gelbe Ananasscheiben. Serviere die Pizza auf einem großen Teller. Oder frage, ob dir jemand einen sauberen Pizzakarton aus einer Pizzeria mitbringen kann.

Noch mehr Glitzer!

Deine edlen Taschenanhänger

Das brauchst du

- Filz in Lila und Gelb,
  3 mm stark, 10 cm x 10 cm
- Bastelfilz in Rosa und Blau
  7 cm x 7 cm
- Band in Pink und Rot,
  je 1 cm breit, 20 cm lang
- Wackelauge, ø 1 cm
- Pailletten, bunt
- Glitzer in Rosa und Blau
- Locher
- UHU Bastelkleber

Vorlagenbogen B

1 **Übertrage die Vorlage** für den Kreis auf den passenden 3 mm starken Filz. Übertrage dann das Herz- oder Fischmotiv auf den Bastelfilz. Schneide anschließend beide Teile aus.

2

Streiche das Herz oder den Fisch mit Kleber ein und bestreue das Motiv mit Glitzer. Gut trocknen lassen. Überschüssigen Glitzer kannst du nach dem Trocknen abschütteln.

3 **Klebe dein Glitzermotiv** und die Pailletten auf den Kreis.

4

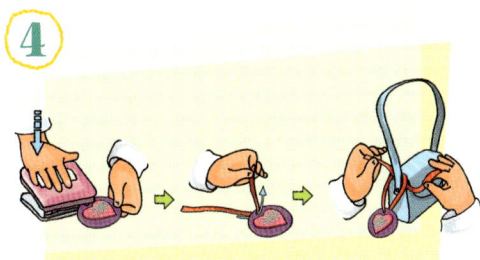

Loche deinen Anhänger und fädle das Band durch das Loch. Binde den Glitzeranhänger mithilfe des Bands an eine Tasche und knote es fest.

Maustipp
zum Basteln
und Spielen

⭐ Befestige diese schicken Anhänger an deinen Sachen, und sie sind unverwechselbar!

Ab nach Draußen!

Das Indiaka-Spiel

Das brauchst du

- Bastelfilz in Gelb,
  20 cm x 20 cm
- 5 Indianerfedern in
  Gelb, Orange, Hellrot,
  Dunkelrot und Grün
- Stickgarn in Rot
- Sticknadel
- Füllwatte
- Haushaltsgummiband
- UHU Bastelkleber

Vorlagenbogen B

1 **Übertrage die Kreisvorlage** auf den gelben Filz und scheide den Kreis aus.

2

Fädle das Garn in die Nadel und mache einen Knoten an einem Fadenende. Jetzt nähst du am Rand des Kreises einmal rundherum.

3 **Lege etwas Watte** in den Kreis und ziehe an dem Band, sodass die Watte im Inneren des Filzes liegt. Lass eine Öffnung, die so groß ist wie deine Faust.

④

Befestige ein Gummiband um
die Kiele der fünf Federn, damit
sie schön zusammenbleiben. Stecke
die Federn in die Öffnung des
Filzteils. Jetzt kannst du das Garn
an beiden Enden festziehen und
verknoten. Schneide die Fadenenden ab.

⑤ **Gib noch etwas Kleber**
an die Öffnung des Filzteiles,
damit die Federn nicht herausrutschen können.

Maustipp
zum Basteln und Spielen

⭐ Wirf dein Indiaka in die Luft und
versuche, es mit der flachen Handinnen-
fläche immer wieder nach oben zu schla-
gen. Zähle mit, wie oft du es schaffst.

Es gibt Eis!

Eistüte mit allen Sorten

Das brauchst du

- Bastelfilz in Gelb und Grün,
  je 15 cm x 15 cm
- Acrylfarbe in Rot und
  Orange
- 2 Wattekugeln, je ø 6 cm
- 2 Schaschlikstäbchen
- Pomponband in Pink und
  Grün-Blau, je 25 cm lang
- Pailletten, bunt
- UHU Bastelkleber

Vorlagenbogen B

1

Stecke zuerst die Wattekugeln auf die
Schaschlikstäbchen. So bleiben deine
Hände beim Bemalen sauber. Male sie
mit Acrylfarbe in Rot und Orange an.
Auf die nasse Farbe streust du einige
Pailletten, das sind die Streusel auf der
Eiskugel. Zum Trocknen steckst du die
Kugeln mit dem Stab in ein altes Mar-
meladeglas.

2 **Übertrage die Waffelvorlage**
auf den grünen und gelben Bastelfilz
und schneide beide Eistüten aus.

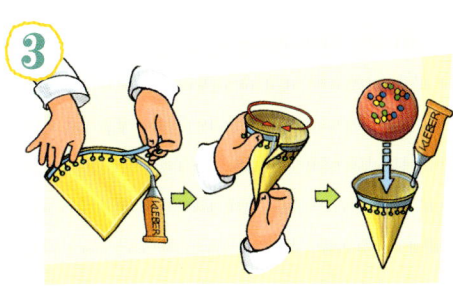

3

Ziehe mit dem Kleber eine Linie am
oberen Rand der Eistüten und drücke
das jeweils passende Pomponband
darauf. Anschließend streichst du einen
seitlichen Rand jeder Tüte mit Kleber ein
und klebst die Tüten zu. Jetzt kannst du
deine leckeren Eiskugeln hineinstecken!

Maustipp
zum Basteln
und Spielen

✪ Male noch mehr Wat-
tekugeln in verschiedenen
Farben an, dann kannst du
Eiscafé spielen und mehrere
Sorten anbieten. Wie wäre
es mit Zitrone, Waldmeister
und Schokolade?

Buchtipps für dich:

Bastle weiter mit der frechen Bastelmaus!

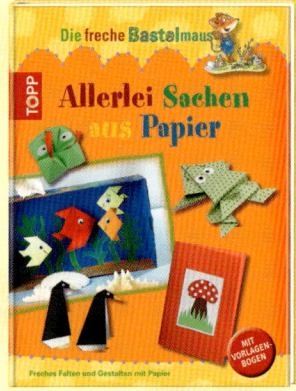

5703
ISBN 978-3-7724-5703-6

5704
ISBN 978-3-7724-5704-3

5705
ISBN 978-3-7724-5705-0

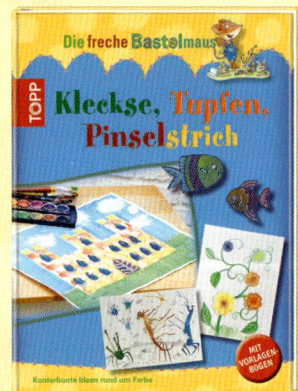

5706
ISBN 978-3-7724-5706-7

5707
ISBN 978-3-7724-5707-4

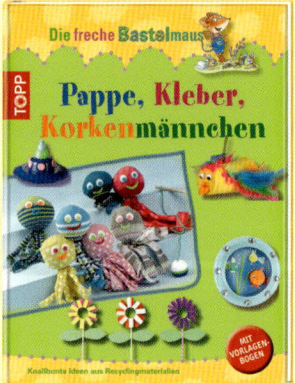

5708
ISBN 978-3-7724-5708-1

5658
ISBN 978-3-7724-5658-9

5638
ISBN 978-3-7724-5638-1

19408
ISBN 978-3-7724-19408-6

3958
ISBN 978-3-7724-3958-2

3959
ISBN 978-3-7724-3959-9

19409
ISBN 978-3-7724-19409-3

Die Autorin

Ina Andresen ist in Hamburg geboren und hat bereits im Alter von fünf Jahren ihre erste Nähmaschine erhalten. Dieses Modell, das noch per Handrad angetrieben wurde, hatte ihr der Vater aus England mitgebracht. So nähte sie bereits im Alter von 5 Jahren Kleider für ihre Puppen und Kuscheltiere. Nach dem Abitur hat sie schließlich Mode-Design studiert und außerdem das professionelle Nähen bei der Couture-Schneiderin Eva-Maria Zorn in Hamburg gelernt. Zu dieser Zeit hat sie die elektrische und schöne, alte, gusseiserne Nähmaschine der Großmutter bekommen, auf der sie heute noch näht und die ein wunderbares Stichbild hat. Heute lebt Ina Andresen mit ihrem Mann und drei Kindern in Ottenhöfen im Schwarzwald.

DANKE!

Vielen Dank an die Firmen Coats, Rayher, Rico, Uhu und Union Knopf für ihre freundliche Bereitstellung von Material.
Ein herzliches Dankeschön an Frau Eichenlaub für die gute Zusammenarbeit, an meine Tochter für einige sehr schöne Ideen und meine Jungs, die die Spielideen ausprobiert haben.

Unser Service für Sie

Wenn Sie Fragen zu den Anleitungen in diesem Buch haben, schreiben Sie einfach eine Mail an: mail@kreativ-service.info. Wir helfen Ihnen gerne weiter.

Impressum

Modelle: Ina Andresen
Fotos: frechverlag GmbH, 70499 Stuttgart; lichtpunkt, Michael Ruder, Stuttgart
Illustrationen: Antje Hagemann
Schrittillustrationen: Ursula Schwab
Konzept: Angela Vornefeld und Carolin Eichenlaub
Produktmanagement: Carolin Eichenlaub
Layout: Petra Bachmann
Umsetzung Layout: Katrin Röhlig; Arnold & Domnick, Leipzig
Druck und Bindung: Finidr s.r.o., Tschechische Republik

1. Auflage 2013

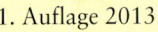
ISBN 978-3-7724-5709-8
Best. Nr. 5709